Lillith Inanna

Bittersüße Schokolade

Aus dem Leben einer multiplen Persönlichkeit

Die Autorin

„Lillith Inanna" ist mein Pseudonym. Meinen wirklichen Namen kann ich zum heutigen Zeitpunkt noch nicht nennen. Lillith und Inanna sind zwei wohlwollende Anteile meines Lebens, wobei Lillith alle meine Anteile helfend ins Leben rief.

Seit frühester Kindheit leide ich an der sogenannten „Posttraumatischen Belastungsstörung" (PTBS), die in den damaligen Zeiten allerdings noch nicht diagnostiziert werden konnte, denn von der Diagnose PTBS sollte man zum Ende der 90ger erstmalig hören. Zudem folgte nach Beginn meiner intensiven Traumatherapie die Diagnose der sogenannten Dissoziativen Identitätsstörung (DIS) – also eine Persönlichkeitsspaltung –

Seit über 30 Jahren war ich – bis zu der Feststellung der vollen Erwerbsminderung – im sozialen Bereich – Stiftung Behindertenhilfe – tätig.

Ich bin weder Schriftstellerin noch eine besondere Autorin. Ich versuche mit meinen Aufzeichnungen die extremen Erschwernisse des alltäglichen Lebens zu beschreiben, die Menschen – hier besonders Frauen – mit einer solchen Diagnose ertragen müssen!

Weitere bereits erschienene Buchtitel:

1.*„Wohin der Wind mich weht – Als ein Engel hassen lernte"*

2. *„Wenn du mich berührst, werde ich verschwinden"*

Inhalt

Viele „Dinge" inspirieren uns zum Schreiben eines weiteren Buches. Bilder, Beobachtungen, Erfahrungen, Therapieinhalte sowie Therapieerfolge mit ihren Fort– und Rückschritten.

So kramen wir also erneut alle Unterlagen (Bilder, Zeichnungen, Berichte, Tage – und Kommunikationsbücher etc.) hervor, treffen Absprachen und Stellen Regeln auf, die ein „gefahrloses" Schreiben ermöglichen können.

WIR – das sind Ich und Ich und Ich und Ich...! Das bin also ICH, „Lillith", wie ich mich hier nenne (in vorausgegangenen Aufzeichnungen nannte ich mich noch „Vase", da es sicherer war, die Namen aller lebenden und nicht mehr lebenden Personen durch materielle Dinge zu ersetzen, damit keine Schlussfolgerungen möglich waren) und all die, die mein „Körperhaus" bewohnen.

Der Name „Lillith Inanna" gibt mir Sicherheit und Schutz. Sowohl Lillith als auch Inanna begleiten mich bereits mein Leben lang. Mein wahrer Name – den ich sowieso niemals für mich annehmen konnte – bleibt bis auf Weiteres verborgen. Sobald auch die „letzten realen Gefahren" der Vergangenheit angehören werden, wird es mir vielleicht gelingen, mich zu erkennen zu geben.

Als ich im letzten Jahr meine ersten beiden Werke in der Hand halten durfte, fiel mir ein Stein vom Herzen, als ich las, dass ich mich bereits im Vorfeld für mögliche Fehler entschuldigte, denn davon haben sich sehr viele eingeschlichen – wie gesagt, nicht einmal den Übertrag von Skript auf PC führe ich allein aus! Das Aufzeichnen meines Lebens weckt in diesem Moment nicht nur die Kinder, Jugendlichen und wohlwollenden Erwachsenen in mir, sondern vor Allem auch die sogenannten Introjekte, die mit aller Gewalt Tod und Teufel herauf beschwören, um das Schreiben der Wahrheit zu verhindern .

Meine Manuskripte verfasse ich handschriftlich und da die Inhalte auch in diesem Buch aus meinem eigenen Leben handeln, wird es sicherlich geschehen, dass sich eingefügte Bilder aus den bereits erschienenen Büchern wiederholen. Ich bitte um Verständnis! DANKE!

Und auch heute – zu Beginn dieses Buches – bitte ich im Vorfeld darum, Fehler zu verzeihen. Wie gesagt: Ich schreibe NICHT allein, bin KEINE Schriftstellerin und in Layout und Ausgestaltung ein blutiger Amateur. Verzeihung! DANKE!

Noch hat das hier entstehende Werk keinen Titel, doch ich bin mir sicher, dass es wieder sehr viele Vorschläge geben wird und wir uns gemeinsam auf einen guten Titel einigen können.

Und zu guter Letzt: Ich werde mich bemühen, von mir nicht mehr in der dritten Person zu schreiben :-

Vorwort / Einleitung

Mein Leben lang konnte ich mir nicht erklären, warum es mir in vielen, doch alltäglichen Situationen schlecht ging. War es ein Geruch, eine Stimme, oder ein Geschehnis, das meine Befindlichkeit von jetzt auf nun aus heiterem Himmel verschlechterte. Manches Mal genügte ein Wort, ein kurzer Augenblick, eine ganz alltägliche Begebenheit. Die Farbe „Rot" hasste ich schon immer abgrundtief – hatte sogar hin und wieder Angst vor roten Dingen, die ich mir nicht zu erklären wusste.

Puh – und schon geht es wieder los: Die Stimmen in meinem Kopf überschlagen sich. „Schreib auf jeden Fall von..., vergiss das aber nicht..., erwähne auch das...", ich muss mich kurz sortieren.

Auf der anderen Seite rufen die Stimmen drohende Hymnen auf, was geschehen wird, wenn ich meinen Mund / wie sie sagen: meine Fresse nicht halte.

Bis vor einigen Jahren wusste ich nicht, dass es sogenannte „Trigger" sind, die mich so sehr aus der Bahn werfen. Ich muss gestehen, dass ich das Wort nicht einmal kannte – wie peinlich! Und es gibt eine Menge dieser sogenannten Trigger:

Vor Allem Gerüche und Stimmen oder Geräusche, Personen, Sprüche und einzelne Worte, Tage und Tageszeiten, Die Farbe Rot, Samstage sowie Feiertage – besonders Weihnachten und die Weihnachtszeit, Ärzte, Essenszeiten, Unterhemden....oh Gott – ich müsste hier jetzt noch etliches mehr schreiben, aber das würde ja bald den Rahmen sprengen!

Dass meine Stimmungen und Befindlichkeiten von einem zum anderen Moment kippen und schlagartig wechseln, war für mich noch nie etwas Außergewöhnliches, ich konnte es nur nicht wirklich zuordnen. Bereits in Kindertagen wurde ich daher oft bei unserem Arzt vorstellig, da ich in den Augen der Erwachsenen geistig nicht „so ganz auf der Höhe" sei. Meine rege und wilde Phantasie ging zeitweise so sehr mit mir durch, dass es ohne eine Spritze keine „Normalität" mehr gegeben hätte. Die Spritze machte mich grundsätzlich sehr müde und sorgte für Entspannung meines Körpers.

In den folgenden Jahren meiner Jungend und im Erwachsenenalter litt ich häufig unter Depressionen, die mir bis heute geblieben sind. Regelmäßige Aufenthalte in psychosomatischen Kliniken tragen nicht zur Minderung bei. Für einen Moment ging es wohl besser, aber die Depressionen ließen nie lange auf sich warten. Und im Laufe der Jahre gesellten sich die Anorexie, die sich dann zu einer extremen Bulimie entwickelte, suizidale Gedanken und regelmäßig stattfindendes selbstverletzendes Verhalten hinzu. Immer häufiger viel ich von einem Extrem in das Nächste und NIEMAND fand dafür auch nur den Ansatz einer Erklärung. In keiner der folgenden und mich stets begleitenden Therapien konnte ich Erleichterung finden.

Im Jahr 2014 befand ich mich dann in einer höchst Lebensbedrohlichen Situation, die alte Bilder wiedererwachen ließ. Vielleicht sollte das genau so geschehen, denn ENDLICH wies man mir den Weg zur „wahren" Therapie! Endlich, nach knapp 50 Jahren meines Lebens sollte ich in einer gezielten ambulanten und stationären Begleitung die Hilfe erfahren, die ich mir zeitlebens wünschte, aber in der damaligen Zeit völlig undenkbar war! Mit einigen langen Aufenthalten in der Trauma Klinik, mit einer hervorragenden, fachkundigen Bezugstherapeutin, einer sehr guten Trauma ambulanten Unterstützung und nun noch zusätzlich der Möglichkeit einer Langzeit – Therapie mit einem vertrauenswürdigen und fachkundigen Therapeuten lösen sich endlich die Ketten meiner inneren Gefangenschaft. Wurde ich doch einst „lebendig begraben", so wächst nun die Hoffnung auf die „Auferstehung" in ein freies und gesundes Leben – wenn auch noch nicht so ganz ohne Gefahren.

Dank an meine hervorragenden Therapeuten! DANKE!

Noch etwas:

Ich sage Euch: Ihr seid nicht allein, es gibt viele von uns – mehr als uns allen lieb ist!

Ich wünsche Euch: Glaubt an Euch! Es ist nicht „verrückt" und ihr seid es schon einmal gar nicht, das, was Euch geschehen ist, das, was man Euch antat, das ist verrückt! Nehmt Euch eurer Anteile an – auch wenn es schwerfällt (es fällt auch mir noch immer sehr schwer). Jeder einzelne von ihnen hat Euch geholfen, ein Martyrium zu überleben!

Ich bitte Euch: Erhebt Eure Stimmen und werdet laut! Helft Euch und vielen anderen den Teufelskreis zu durchbrechen. Macht auf die dunklen Seiten aufmerksam und ermutigt jeden Einzelnen dazu! BITTE, BITTE, BITTE! Niemand – schon gar nicht wir allein werden dem Ganzen Einhalt gebieten können, aber vielleicht können wir ein wenig mindern, manches verhindern aber vor allem die Welt sensibilisieren; Qualen und Leid zu erkennen und einzudämmen!

DANKE!

Es geschah am helllichten Tag

Ich glaube, ich bin 11 oder 12 Jahre alt. An Samstagen sitzt die „heile" Familie beisammen, um gemeinsam das Abendprogramm im TV zu sehen. Schwarz – Weiß TV, jedenfalls wurde überwiegen Schwarz – Weiß ausgestrahlt. An diesen Abenden gab es sogar für alle Kaubonbons oder Gummibärchen und Wasser „mit Geschmack".

Heute sehen wir uns keine der sogenannten Spielshows, wie „Dalli Dalli" an, heute läuft ein Film mit Heinz Rühmann. Meistens sind die Filme mit Heinz Rühmann eher lustig und so freue ich mich auch darauf. Allerdings geht es in diesem Film um einen sehr bösen Mann (Gerd Fröbe), der einem kleinen Mädchen kleine Igel aus Schokolade gibt.

Jedes Kind mag Schokolade, auch liebe diese. Aber selbst an Samstagen, an denen grundsätzlich Süßigkeiten gereicht werden, gibt es diese nicht. Ausschließlich zu Ostern Nikolaus und Weihnachten bekamen wir Kinder Schokolade. Vielleicht bekommt das kleine Mädchen zu Hause auch so selten diese köstliche Süßigkeit – bestimmt sogar, daher freut sie sich so sehr, diese süßen Igel essen zu dürfen. Ich kenne niemanden, der – außer an besagten Feiertagen – Schokolade bekommt. Halt, doch – ich kenne doch jemanden: die kleine „Manadis". Wenn „Manadis" gerufen wird, hat sie SOFORT zu erscheinen. Wenn sie dem Ruf nicht Folge leistet, droht ihr ein Feuer. „Manadis hat große Angst vor dem Feuer und gehorcht daher aufs Wort! Und wenn sie dann ganz brav dem Rufe folgt, wird sie mit Schokolade belohnt. Die Herren haben immer Schokolade dabei! Und „Manadis" darf diese auch annehmen, da sie ja nicht von „fremden Männern" kommt, denn das wäre dann verboten! Diese Schokolade ist auch kein Igel, sondern ein kleines Herzchen, das schmeckt wie kein anderes.

Schokolade macht müde, aber sie ist so wunderbar köstlich!

Schokolade ist gefährlich, aber so unsagbar lecker!

Schokolade tut weh...... tut weh?

Es geschah am helllichten Tag und immer wieder. Das Haus ist leer – nur „Manadis" und die Herren. Die Herren sind sehr nett und lieb zu ihr!

Manchmal ist mir schwindelig – aber nur manchmal! Und Lillith schläft tief und fest. Sie ist erschöpft!

Ja, „Manadis" – ich kannte sie schon damals und habe ihr oft zugesehen. Gesehen was sie tut und was mit ihr geschah. Wo sie wohnte, woher sie kam – das wusste ich allerdings NOCH nicht!

Schokolade war und ist schon immer ein Reizthema. Nachdem ich begann, in 200 KM Entfernung ein „eigenes" Leben aufzubauen, konnte ich nicht einmal den Geruch von Schokolade ertragen. Der Verzehr war daher für mich völlig ausgeschlossen. Bis vor einigen Jahren konnte ich mir nicht erklären, woran das gelegen haben könnte. Und nun, seit dem großen Erwachen des „Körperhauses" gelingt mir nicht mal mehr ein ordentliches Maß. Manches Mal habe ich sogar den Eindruck, mich heimlich zu bedienen und Unmengen von Schokolade zu verzehren. Das, was ich sehe, ist nur eine große Menge leeres Papier. Woher es kommt, wer dieses hinterließ und wer den Inhalt verzehrte kann ich nicht beantworten. Nur der schokoladige Geschmack in meinem Mund löst ein großes Unbehagen aus. Geliebte und gehasste Schokolade!

Ich hasse Schokolade, sie macht schrecklich müde und nimmt dir jede Erinnerung!

Hände

„Wer meine Mädchen anfasst, dem hacke ich die Hände ab!"

Wie oft habe ich diesen Satz aus Vaters Mund gehört… und so oft ich ihn vernahm, so oft hegte ich den Gedanken, ihm diese Arbeit abzunehmen. Er und die

Herren ohne Hände! Ein lustiger Gedanke! Stinkende, feuchte Hände so sanft und gleichermaßen voller Brutalität. Hände, die weh tun, Hände, die mich in tiefster Scham zum Rückzug zwingen.

Noch einmal schaue ich auf diese Hände. Sie liegen, zum letzten Gebet gefaltet auf seinem Bauch. Jetzt sehen sie gar nicht mehr gefährlich aus. Noch einmal zeigt er mir sein Gesicht mit einem breiten Grinsen – noch ein letztes Mal zeigt er mir seine Hände. Sie sind, wie so oft in den letzten Wochen, zum Gebet gefaltet: *„Vater unser…. Und vergib mir meine Schuld…"*

Wir Kinder wurden in christlichem Glauben erzogen. Gebete vor den Mahlzeiten und beim Zu-Bett-Gehen waren die Regel. Die Hände zum Gebet falten und darauf Acht geben, dass die übereinander liegenden Daumen ein Kreuz bilden. Die Familie gehört der reformierten Kirche an. Aber obgleich der „christliche Glaube" wichtiger Bestandteil des täglichen Lebens war, besuchten wir die Gottesdienste nur an Feiertagen. Die Eltern waren schon immer der Ansicht, zum Glauben nicht unbedingt die Institution „Kirche" zu benötigen – Gott ist überall. So lästerten sie an jedem Sonntag über die Katholiken, die scheinheilig auf ihren Knien rutschen…

Wir falten die Hände zum Gebet und schauen demütig auf das Kreuz, das die Daumen bilden. Wir sind Christen – heilig – SCHEINHEILIG!

Nun schaue ich zum letzten Mal auf deine Hände. Ich bin heute 35 Jahre alt und habe einen Sohn, der dich niemals kennen lernen wird. Vielleicht ist das auch gut so. Ich schaue auf deine Hände – sie sind noch da- niemand hat sie jemals abgehackt. Jemand faltete sie und legte sie auf deinen Bauch. Und warum auch immer durchzieht mich eine Trauer, die ich nicht beschreiben kann, die ich nicht einmal erklären kann… heute sind Tränen erlaubt – völlig gefahrlos! Und ich vergieße diese an deinem Grabe… und die Trauer währt noch immer…

Ich schaue auf deine Hände, die mich heute für immer verlassen aber dennoch niemals gehen werden. Es sind noch immer deine Hände, die ich wie gestern spüre, …

Kinder
Bettina Wegener

Sind so kleine Hände, winzige Finger dran –

Darf man nie drauf schlagen, die zerbrechen dann.

Sind so kleine Füße mit so kleinen Zeh`n –

Darf man nie drauf treten, können sie sonst nicht geh`n.

Sind so kleine Ohren, scharf und ihr erlaubt –

Darf man nie zerbrüllen – werden davon taub.

Sind so schöne Münder, sprechen alles aus –

Darf man nie verbieten, kommt sonst nichts mehr raus.

Sind so klare Augen, die noch alles sehn –

Darf man nie verbinden, können sie nicht versteh`n.

Sind so kleine Seelen, offen und ganz frei –

Darf man niemals quälen, gehen kaputt dabei.

Ist so`n kleines Rückgrat, sieht man fast noch nicht –

Darf man niemals beugen, weil es sonst zerbricht.

Gerade, klare Menschen wär`n ein schönes Ziel –Leute ohne Rückgrat haben wir schon zu viel!

„Wie alt bist du denn, meine Kleine?"

„Weiß nicht"

„Du blutest am Kopf, was ist denn passiert?"

„Weiß nicht"

„Bist du gestürzt?"

„Ja, bin gestürzt!"

„Wie heißt du denn?"

„Weiß nicht"

„Wo wohnst du denn, ich bringe dich nach Hause!"

„Weiß nicht"

„Dann bringe ich dich erstmal zum Doktor, damit er deine Wunde behandeln kann, ist das in Ordnung? Vielleicht kennt er dich ja und weiß, wo du wohnst!"

„Ja, zum Doktor, er hat Schokolade" ...

Stolpervogel

Wie oft Wunden an meinem Kopf geklammert oder genäht werden mussten, kann ich heute nicht mehr sagen. Ich taste bei dem Gedanken meinen Kopf ab und spüre eine Menge Unebenheiten, die durch Narben entstehen.

Jetzt glaubt bloß nicht, dass ich jemals gestürzt bin, wie jedes andere „normale" Kind und sich dabei Knie oder Ellenbogen aufschlugen. Nein! Ich schlug doch lieber mit meinem eh schon wirren Kopf auf den Boden. Vielleicht hat das auch zu meinem „Irrsinn" beigetragen?

„Wo sie geht und steht, stolpert sie über ihre eigenen Füße. Bei ihrer ständigen Zappelei auch kein Wunder. Sie ist ein Stolpervogel wie er im Buche steht!"

Lillith ist etwa sechs Jahre alt. Dass bei Wind und Wetter nicht im Hause gespielt wird, ist eine unausgesprochene Regel. Heute scheint die Sonne, es ist ein warmer Frühlingstag.

In unserem Ort gibt es zwei Spielplätze: einen großen mit Schaukeln, Rutschen und Klettergerüsten und einen kleinen mit einem Sandkasten und einem „Karussell". Ich finde beide total klasse, aber meistens nutze ich den großen, da er zum einen am nächsten liegt und dort in der Regel auch immer viel mehr los ist.

An die Kletterstangen komme ich noch nicht so wirklich ran und am Rutschen fand ich noch nie so großen Gefallen. Ich wähle grundsätzlich die Schaukel, und wenn ich dann Glück habe, ist auch eine frei. Schaukeln zu dürfen ist ein großartiges Gefühl. Hoch und höher! Die Großen üben sich sogar an einem Überschlag oder springen während des Schaukelns einfach ab. Dann legen sie kleine Zweige an die Stelle, die sie nach ihrem Absprung erreichen und wetteiferten um den weitesten Sprung.

Wenn ich auf der Schaukel sitze und das Gefühl habe, den Wolken ganz nahe zu sein, vergesse ich alles um mich herum. Nichts tut mir weh – es geht mir gut! Ich fühle mich frei und glücklich und so gerät schnell die Zeit in Vergessenheit. Die Zeit vergangener Tage aber leider auch die Zeit des Tages.

Bild von? Gefunden im Ordner 1972

Die Glocken läuten, es ist 19 Uhr! Pünktlich um 18 Uhr haben wir Kinder zu Hause zu sein. Es ist 19 Uhr – eine Stunde drüber! NEIN, meine Eltern haben noch nicht nach mir gesucht oder nach mir suchen lassen. Es fühlt sich an, als hätten sie mich sogar vergessen. Nein, sie suchen nicht nach mir! Sie denken sicher, dass ich mal wieder die Zeit verträumt habe. Das wäre ja nichts Neues. Und statt sich zu sorgen oder nach mir Ausschau zu halten, bereiten sie bereits den Empfang vor, da bin ich mir sicher! „Karl" wird sich dabei von „Dagmar" ordentlich anfeuern lassen. Mit dem Ledergürtel werden sie hinter der Tür auf mich warten!

Immer dann, wenn ich weiß, dass ich mich auch nur um eine Minute verspäten würde, laufe ich, so schnell ich eben kann. Meine Beine laufen und laufen und laufen. Ich würde gern zwischendurch einfach ein Stück gehen, aber meine Beine laufen weiter. „Ärger" gibt es ja sowieso – dennoch versuche ich, mit so wenig Zeit, wie nur möglich die Verspätung zu verlängern.

Es ist Frühling, noch nicht so wirklich warm, aber die dicken Hosen, Pullover und Anoraks sind bereits im Schrank nach hinten geschoben. Ja, grundsätzlich zu Ostern beginnt auch der Frühling der Kleidung! T-Shirt, leichte Strickjacke, kurze Hose und Strumpfhose. „Dagmar" nutzt die Wintertage, um uns Kindern Kleidung zu stricken. Jacken, Pullover und kurze Hosen oder Röcke. Ich beneide die Kinder, die nicht in solcher Kleidung nach draußen geschickt werden. Meine knapp zwei Jahre jüngere Schwester trifft es doppelt hart, denn sie hat die Kleidung, aus der ich herausgewachsen bin aufzutragen. Und da wir in der Regel wie „Zwillinge" gekleidet werden...die Arme!

Ach ja: Wir unterscheiden zu Hause auch akribisch zwischen Sonntags -, Schul- und Alltagskleidung und werden stets zu absoluter Sorgfalt ermahnt!

Meine Beine laufen und laufen. Der Weg nach Hause scheint kein Ende zu finden. „Jacky" übernimmt, denn sie ist sehr sportlich. Sie sieht, wie die Erschöpfung Lilliths Kräfte raubt und schießt somit nach vorne, um für sie die Belastung zu übernehmen. Jetzt sind es nur noch wenige Meter.

„Danke, „Jacky", den Rest schaffe ich jetzt wieder selbst!"

Ach ja, habe ich schon erwähnt, dass ich ein absoluter Stolpervogel bin?

Wäre doch nur Jacky weitergelaufen, warum musste ich denn unbedingt den Rest der Strecke übernehmen? Warum habe ich sie nicht einfach bis nach Hause laufen lassen? Und es kommt, wie es kommen muss: Ich stolpere über meine eigenen Füße und fliege Richtung Bordstein. Abfangen! Ich muss den Sturz irgendwie abfangen! Bloß nicht die Kleidung zerstören, dass würde alles nur noch viel schlimmer machen! Nicht auf die Knie, bloß nicht auf die Knie oder Ellenbogen, die Kleidung muss unbedingt heil bleiben. Jetzt schlage ich auf – mein Kopf knallt auf die Pflastersteine und ich sehe, wie mir das Blut über das Gesicht läuft. Okay, Blut ist nicht ganz so schlimm – schlimm, aber eben nicht so schlimm als kaputt! Das Blut wäscht Mutter mit Kernseife wieder aus! Die Kleidung ist heil, Gott sei

Dank! Mein Kopf blutet und meine Handflächen sind aufgeschürft, aber die Kleidung ist heil geblieben!

„Hast du mal auf die Uhr gesehen? Wie siehst du schon wieder aus? Wieder mal über deine Mauken gestolpert? Na, deine Mutter wird sich freuen!" RUMS, KLATSCH, das war der Gürtel. Jetzt bloß nicht weinen, sonst gibt es noch mehr!

Ich weiß nicht genau, was mehr weh tut, mein Körper oder mein Kopf. Ich schmecke das Blut, das mir über das Gesicht läuft während Mutter die Kleidung akribisch begutachtet. „Na, da hast du aber nochmal Glück gehabt".

Ganz sicher haben sie dann auch meine Wunden versorgt – ich kann mich nicht erinnern.

Poesie? Dass ich nicht lache!

Ich habe soeben meine Poesiealben hervorgekramt. Ja, so etwas hatte jedes Mädchen in meiner Zeit. Man gab es Verwandten, Bekannten, Freunden, Lehrern und so weiter, auf dass sie einen guten Spruch in liebevoller Erinnerung hineinschreiben. Heute kennt man nur noch die sogenannten „Freunde-Bücher", deren Vorgaben sagen, was man zu schreiben hat.

So schlage ich das erste Büchlein auf und lese dort den ersten Eintrag, der von mir selbst stammt, denn so war es üblich.

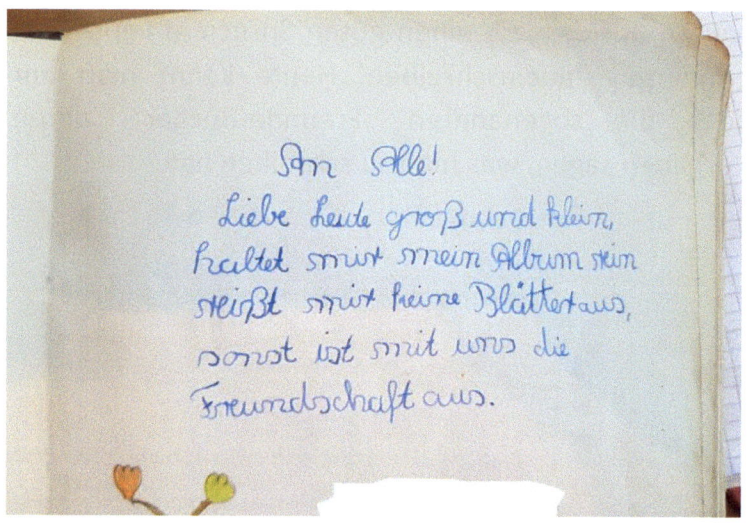

Dieser erste Eintrag stammt aus dem Jahr 1973

Im zweiten Album aus dem Jahr 1979 lauten die Zeilen ähnlich:

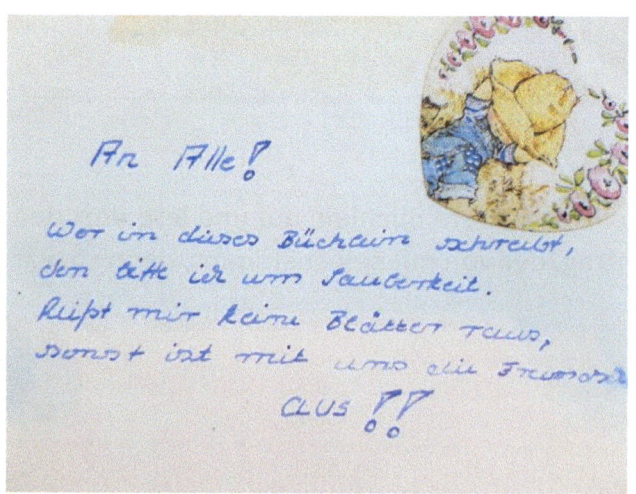

Reinliche Sauberkeit – von mir stets gefordert, so fordere ich diese mit absoluter Selbstverständlichkeit auch? Aber was die reinliche Sauberkeit für mein Leben bedeutet, dazu komme ich in einem späteren Abschnitt!

Viele Jahre habe ich diese Alben nicht mehr angerührt und nun kamen sie ganz plötzlich wieder in mein Gedächtnis! So hole ich sie also aus der hintersten Ecke eines meiner Regale hervor.

Beim Lesen der einzelnen Eintragungen kommen die Erinnerungen, manche klar und deutlich, andere wiederrum nur in Stücken und schemenhaft. Ich lese von den „guten Wünschen und manche Worte brennen sich wie ein Feuerball in meinen Kopf und Körper:

„Der Jugend holdes Glück", „Heimat und Heimatland", „Elternliebe", „fröhliches Herz", „Ehrgeiz und Fleiß", „Gesundheit" und viele mehr...

Sie hinterlassen gute Wünsche in *liebevoller Erinnerung*, fügen Ort, Datum und Unterschrift hinzu.

Manch ein Eintrag stimmt mich traurig. Die lieben Menschen, die diese Zeilen einst schrieben, sind bereits gegangen. Tanten oder Onkel, Freunde, Lehrer oder Groß- und Urgroßeltern. Beim Lesen des Eintrags meiner geliebten Oma steigt die Trauer unaufhörlich.

Zwei Einträge lösen in mir merkwürdige, ja recht konfuse Gefühle und Gedanken in mir aus. Sie klingen fast, als wären sie bewusst mit Ironie bespickt worden, mit sarkastischer Ironie!

Eintrag Nummer 1:

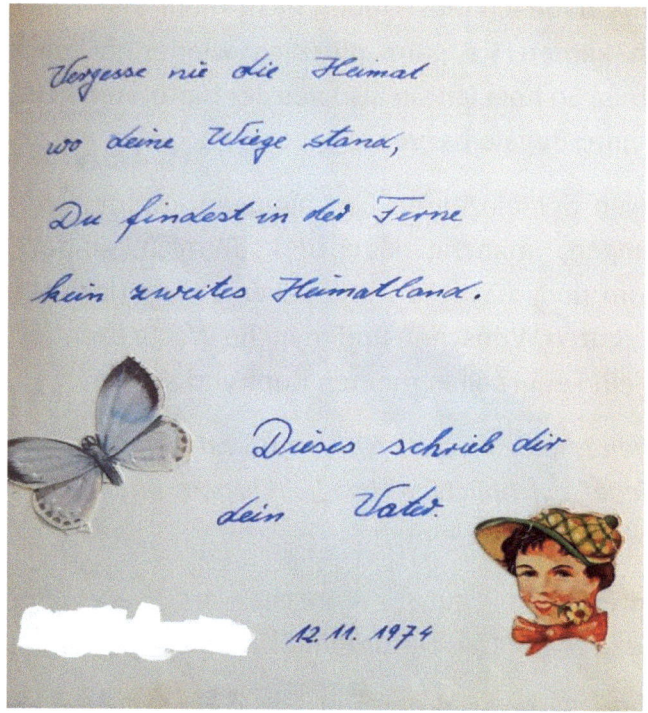

Zum Zeitpunkt dieses Eintrags war ich neun Jahre alt und hatte meine „Heimat" schon längst verloren – falls ich jemals so etwas wie „Heimat" besaß. Und gerade der Mensch, der mir schreibt, ich solle meine „Heimat"

nie vergessen, hat sie mir doch eigenhändig geraubt!
Was für eine Ironie!

Sicher werde ich mit heutigem Verstand sagen, dass die
ganzen Eintragungen in diesen sogenannten Poesie
Büchern nichts als leere Floskeln sind. Sprüche eben –
vorgesehen für genau solche Alben an denen sich ein
jeder bedient. Dennoch bin ich mir sicher, dass kein
Spruch, den man einem anderen Menschen schreibt, so
ganz unbedacht gewählt wird! Was veranlasst ihn also,
mir von Heimat zu schreiben? Und von der Ferne...?
Ahnte er, dass ich schon früh in „die Ferne ziehen"
würde? Hatte er vielleicht sogar Angst davor? Weit weg
entziehe ich mich dem „Zugriff", weit weg könnte ich
das Schweigen brechen... Wer weiß das schon?

Eintrag Nummer 2:

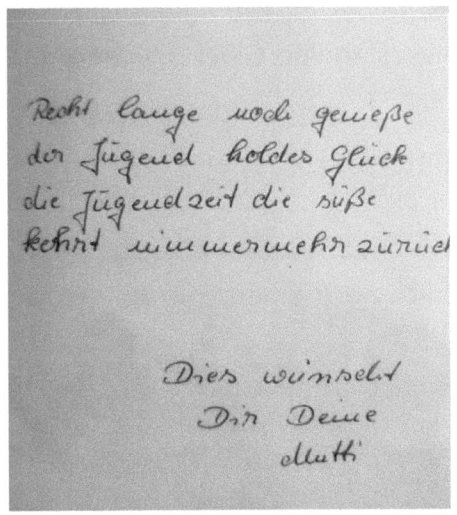

Auch dieser Eintrag stammt aus dem November 1974. Und er ist an Ironie schon nicht mehr zu übertreffen! Sie wünscht mir das, um was ich sie höchstpersönlich gebracht habe? War ich es doch, die dafür sorgte, dass sie — noch minderjährig — heiraten und ein Kind zur Welt bringen musste. War ich es doch, dass sie nie in den Genuss der Jugend kam. Habe ich ihr doch diese *„süße Jugendzeit, die nimmermehr zurückkehrt"* genommen. Ja, sogar meine fast zwei Jahre jüngere Schwester „Herz" erblickte in ihrem noch minderjährigen Leben das Licht der Welt! Steht vielleicht sogar auch bei ihr dieser Spruch im Album?

Vielleicht erklärt das alles, warum sie auch UNS der Jugend Leichtigkeit nahm, diese Leichtigkeit, die ihr durch uns ja auch nicht vergönnt war?

„Recht lange noch genieße der Jugend holdes Glück" — wo hätten wir denn dieses „holde Glück" suchen und finden können? WO?

Das ist also Poesie? — Bittersüße Poesie!

Und so lese ich tatsächlich noch einen Eintrag, der mir sehr zu denken gibt:

Zum Andenken
Blaue Augen roter
Mund Liebe
bleib gesund.

Zur freundlichen
Erinnerung
an Deine Schwester

den 21.6.75

Warum , bitte schön, wünschen sich Geschwister, neun und sieben Jahre alt, Gesundheit? Ja, die kranke Realität verirrt sich in dunklen Wäldern…

Meine Oma hörte meinen Kummer und sah das Leid –
zu jeder Zeit! Sie wurde zu meinem/unseren sicheren
Hafen in Liebe und Geborgenheit! Meine Oma,
Vertraute, Verbündete, Freundin – MUTTER! Ihre Tür
stand für mich jederzeit offen! Meine Schwester „Herz"
hingegen mochte sie nicht leiden!

Danke, liebe Oma! Ohne dich hätte ich niemals
überleben können, ich hätte diese grausame Welt ohne
dich nicht ertragen! Ich vermisse dich fürchterlich.
Danke, liebe, geliebte Oma-Mama!

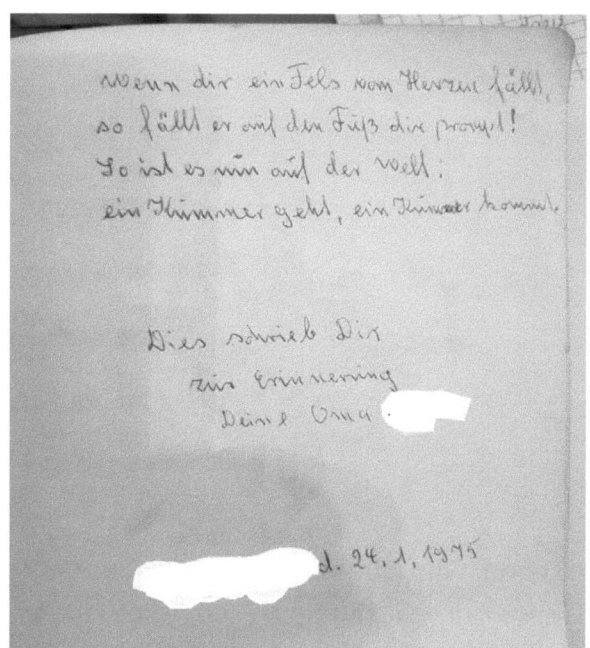

Und ich stoße im zweiten Album auf einen weiteren, wirklich wunderbaren Eintrag! Ein Eintrag vom größten Glück meines Lebens! Ein Eintrag, der auf seinen eigenen Wunsch im Jahr 2004 entstand. Ein Eintrag meines geliebten Sohns!

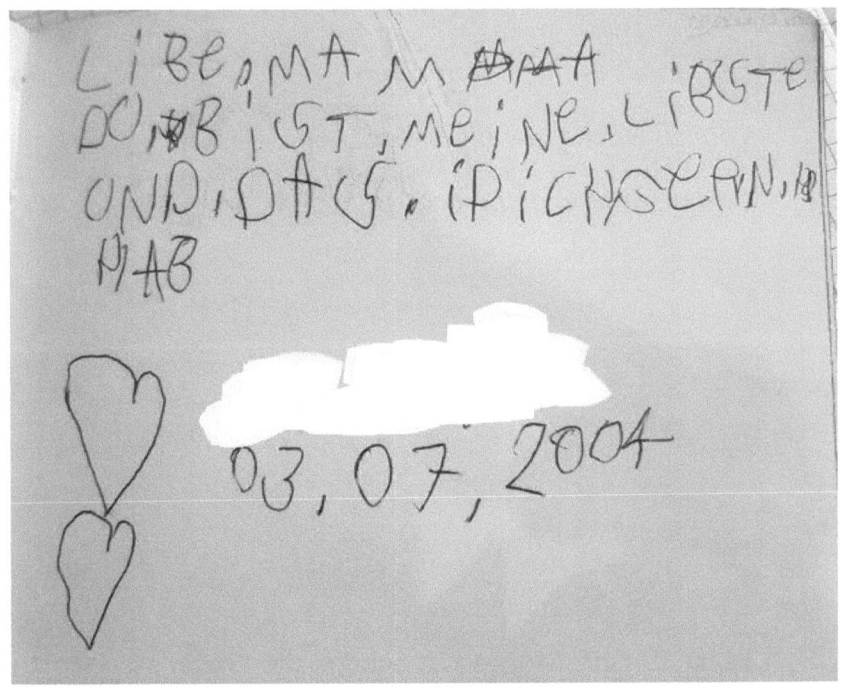

Eintrag von meinem Sohn kurz nach seinem 6. Geburtstag

Meine Tränen sind wieder getrocknet. Heimlich habe ich sie vergossen. Ja, ich weine noch immer heimlich für mich, denn Tränen sind nach wie vor verboten, sogar gefährlich! Noch immer bemühe ich mich, immer dann, wenn Tränen kommen, diese zu verbergen!

„Sie füttern dich mit Leiden-

Du kannst es nicht vermeiden!

Täglich wächst die Bilderflut

Und ertrinkt in deinem Blut!"

Abend wird, bald kommt die Nacht

Es ist 19 Uhr. Morgen ist Schule, die Kinder müssen zu Bett.

Lillith lässt sich nicht zweimal auffordern! Sie „verschwindet" grundsätzlich bei Zeiten in ihrem Zimmer, um sich schlafen zu legen – oder besser: um sich schlafend zu legen!

In dem großen Fachwerkhaus hat ein jedes Kind ihr eigenes Zimmer. Ich kann mich kaum erinnern, Spielzeuge gehabt zu haben. Lediglich an einen Affen und eine Giraffe, die mir in der DDR gekauft wurden, da ja der damalige „Zwangsumtausch" in Ostmark nicht mit in den Westen genommen werden durfte, hängt meine Erinnerung. Kuscheln kann man damit nicht. Sie sind stocksteif und mit Holzwolle gefüllt. Eine kleine Kiste mit „Ersatz-Lego" steht direkt daneben, einige Meter „Schlüpfer-Gummi" und mein „Kullertränchen".

Das Kullertränchen ist die einzige Puppe, die ich zu Hause besitze. Und ich hüte sie noch heute wie meinen Augapfel! Auch mit ihr ist ein Kuscheln nicht möglich, aber sie hat eine kleine Babyflasche und so kann man sie mit Wasser füttern. Wenn ich dann – nach dem Füttern – den linken Arm der Puppe nach unten bewege, macht sie ein quiekendes Geräusch, welches ein Weinen imitieren soll. Aus den Augen fließen dann dicke „Wasser-Tränen" und ihre Hose wird nass. Kullertränchen darf weinen, für sie besteht keine Gefahr! Kullertränchen weint für mich!

Mein Kullertränchen- mittlerweile 50 Jahre alt

Lillith zieht sich – wie jeden Abend – früh in ihr Zimmer zurück und huscht schnell zu Bett. Heute ist Vater dran, mit ihr das abendliche Gebets-Ritual zu sprechen. Mutter und Vater wechseln sich täglich ab. Einen Abend ist sie bei mir und Vater bei meiner Schwester und den nächsten Abend dann umgekehrt.

Ich muss schlafen, bevor er kommt. Los, einschlafen, jetzt!

Das funktioniert natürlich nicht und daher ziehe ich mir die Decke weit über das Gesicht, schließe die Augen und stelle mich schlafend. Nun höre ich die Schritte auf der alten Holztreppe. Diese Schritte klingen sehr laut, da Mutter im Hause Clogs mit Holzsohlen trägt. „Kläppern" nennen wir diese, da sie mit jedem Schritt ein lautes „Kläppern" verursachen.

Gleich wird meine Zimmertür geöffnet werden und er wird wieder bemerken, dass ich nicht schlafe, da meine Augenlieder vor Angespanntheit und Angst zittern.

„Emine" öffnet ihre Augen während sich Lillith unter ihrem Bett verkriecht. So, Lillith ist damit erstmal in „Sicherheit". „Karl" nähert sich dem Bett mit den Worten: *"Zeit für unsere Entwicklungshilfe"*. „Emine" kennt dieses Ritual nur allzu gut! Da sie selbst nicht in der Lage ist, zu einer Frau heran zu reifen und mit ihren 15 Jahren einer „normalen Entwicklung" noch weit hinterher hängt, schloss sie mit „Karl" den heimlichen Deal, Hilfe von ihm anzunehmen. So übernahm er also die sogenannte Entwicklungshilfe. Selbstverständlich musste dieser Deal heimlich bleiben, denn stellt Euch mal die peinliche Lage vor, in die Lillith kommen würde, wenn jemand erfahren würde, dass sie allein nicht in der Lage ist, zur Frau zu reifen. Sie würde sich doch abgrundtief schämen müssen. Und Gott sei Dank plaudert auch „Karl" nichts aus!

„Lieber Gott, mach mich fromm, dass ich in den Himmel komm."

Mit arg schmerzenden Brustwarzen und einem stechenden Schmerz im Unterleib dreht sich Lillith zur Seite und schläft erschöpft ein. Am nächsten Morgen entdeckt sie manchmal Blutspuren in ihrem Slip und auf dem Laken. Ist schon wieder eine Zwischenblutung, dass kann bei jungen Damen schon einmal vorkommen. Schon einmal...?

„Hast meine Wunden klaffen seh´n,

drehst deinen Doch in meiner Glut –

reißt mir das Herz aus meiner Brust

und sagst, du meinst es gut?"

Ich brauche jetzt eine Pause. In mir ist gerade „die Hölle los"! Die Kleinen haben Angst, denn sie jagen ihre Meute unerbittlich in die Menge...

Wenn ich schreibe, dass ich eine Pause benötige, dann muss ich mein Skript und alle Utensilien, die ich zum Schreiben brauche, tatsächlich zur Seite legen. Es ist mir dann nicht mehr möglich, so weiter zu schreiben, dass der Leser (und ich selbst) nicht in ein komplettes Chaos gezogen wird. Mit Hilfe von mir nützlichen Skills und der Unterstützung meiner kleinen Familie gelingt es mir mittlerweile immer besser, den richtigen Augenblick für eine notwendige Auszeit zu erkennen.

Wenn ich dann all meine Utensilien zur Seite lege, nehme ich auch meine völlige Erschöpfung wahr. Der eine oder andere mag sich nun fragen, was denn am Schreiben so anstrengend sein kann. Da sitzt man doch „nur" auf einem Stuhl und schreibt. In der Regel ist das sicher auch so – wenn man aber „nicht allein" ist und die Stimmen im Kopf immer lauter und lauter werden, wenn Anteile nach vorn preschen und sich einmischen wollen und der Körper zu rebellieren beginnt, schleicht sie die schmerzerfüllte Anspannung ein, dessen Zustand manches Mal sogar mehrere Tage anhalten kann.

Heute geht es mir bereits schon wieder „gut" und so kann ich nach einer nur sehr kurzen Pause mein Werk weiterführen!

Der „große Anteil" Lillith

„Lillith" ist die Urheberin fast aller meiner Anteile. Die, die NIEMALS endet, die, die IMMER war.

Noch bemerke ich „Lillith" nicht, sie ist da und kennt jedes bittere Detail meiner zerbrochenen Seele. Bereits in frühen Kindertagen wird sie für mich aktiv, doch zu diesem Zeitpunkt ahne ich davon nichts – all das soll ich erst viel später erfahren.

Seit ich denken kann, begleitet mich „Lillith" – also ich kenne diesen Namen, mehr nicht. Und mit diesem Namen, der mir immer wieder in das Gedächtnis gerufen wird, beginne ich mich zu identifizieren. Ach, wie gern würde ich "Lillith" heißen. Sie gaben mir einen Namen, der nicht einmal von ihnen gewollt war – und ich kann mich bis heute nicht mit diesem, mir gegebenen Namen identifizieren. So heiße ich in meinen Tagträumen und geheimen Wünschen also fortan „Lillith". Dieser Name wird zu einem sehr wichtigen Bestandteil meines Lebens. Das soll hier auch erklären, warum ich mich selbst mit „Lillith" bezeichne – auch wenn ich hier von mir als Kind, Jugendliche oder Erwachsene schreibe. Ich trage diesen Namen in meinem Herzen. Ohne „Lillith" wäre ein ÜBER – Leben nicht möglich gewesen!

„Lillith" kennt alle Anteile und deren Ursprung und Funktionen. Sie kennt auch die Introjekte und die von ihnen erschaffenen jungen Mädchen „Moira" und „Manadis"

Ein Eingreifen in Geschehnisse, die bis in lebensbedrohlichen Situationen enden, ist „Lillith" zu keiner Zeit möglich. Und sie selbst befindet sich zu keiner Zeit in Gefahr. „Lillith" ist 45 Jahre alt und fungiert als wachsamer Engel und stille Beobachterin. Sie ist die Senderin der wohlwollenden Anteile.

Ja, „Lillith" ist tatsächlich ein Engel und ich kann gerade die Bilder sehen, die sich ein jeder von Euch im inneren Auge malt. Aber da liegt ihr falsch! „Lillith" ist kein gewöhnlicher Engel, sie ist RABENSCHWARZ! Ihre Flügelfedern leuchten in der Sonne in schwarz-violettem Glanz, dunkle Augen und sehr langes, welliges schwarzes Haar. Sie kleidet sich in langen, schwarzen, samtigen Gewändern.

UND: Einmal im Jahr wird sie für die Menschheit sichtbar! Sichtbar auf einem großen, weltbekannten Gothic-Festival. Einmal im Jahr zeigt sie sich, verlässt ihre friedvolle Umgebung von Grabsteinen und trägt ihre warme Finsternis in den Tag und in die Nacht. „Emine", „Inanna" und „Levke", die Mädchen, die sie einst „gebar", dürfen sie begleiten, sie dürfen das Körperhaus verlassen und angstfrei an einem Leben teilhaben, was nur die Dunkelheit kennt – friedlich und finster dürfen sie dem Mond nahe sein!

„Lillith" würde im „realen Leben" durch ihre Andersartigkeit die gesellschaftlichen Normen und Regeln brechen. Die Menschen würden sie meiden, da die menschliche Unwissenheit geheime Ängste heraufbeschwört!

Fotografiert in London 2019 von „Lillith"

Wer zu spät kommt, den bestraft das Leben

Am liebsten würde ich das Haus gar nicht verlassen wollen. Aber wir MÜSSEN raus! Bei gutem Wetter die Zeit in seinem Zimmer zu verbringen – den Gedanken dürfen wir Kinder gleich wieder streichen.

Mittagesse, Abwasch, Schularbeiten nebst Kontrolle sind erledigt. Die Schulkleidung ist sorgsam zum „Lüften" auf der Stuhllehne ausgebreitet und die Alltagskleidung angezogen. Jetzt noch die alten Schuhe, den Anorak und dann raus – bis Punkt 18 Uhr!

Meine Schwester „Herz" ist schon längst unterwegs. Sie hat sehr oft Verabredungen mit ihren Freundinnen – sie hat sogar einen Freund, der mit ihr am Gymnasium dieselbe Klasse besucht. Ich gehe erst einmal (wie so oft) allein los und werde sehen, was sich dann noch so ergibt. Der Spielplatz ist zu matschig, denn die letzten Tage waren sehr verregnet. Unter den Schaukeln bilden sich dann immer große Pfützen und ein Schaukeln, ohne die Schuhe zu verdrecken, wäre gar nicht möglich. Ich habe keine Lust, mit schlammigen Schuhen nach Hause zu müssen. Die Schuhe werden grundsätzlich nur samstags geputzt. Schuhcreme kostet schließlich auch

Geld. Vom Ort entfernen kann ich mich auch nicht, denn wenn ich allein unterwegs bin, habe ich niemanden, den ich nach der Uhrzeit fragen kann, denn sie erwarten absolute Pünktlichkeit – aber eine Uhr geben sie uns nicht!

Der hohe Kirchturm mitten im Ort hat keine Uhr. Auch schlägt keine Glocke zu jeder Stunde oder in viertelstündigem Rhythmus. Die Glocken werden täglich um 6, 11 und 19 Uhr geläutet. Damit ist mir also auch nicht geholfen.

Ganz so klein, wie ich es in Erinnerung habe oder als Kind empfinde – ist unsere Ortschaft nicht. So gibt es zwei Bäcker, zwei Metzgereien, einen VIVO-Lebensmittelmarkt, zwei Banken, ein Haushaltswarengeschäft und sogar zwei Elektro-Fachgeschäfte. Und wenn ich mich in der Nähe des VIVO Marktes aufhalte, der zudem nur wenige Meter von unserem Haus entfernt liegt, kann ich mich gar nicht verspäten. Um 18 Uhr ist Ladenschluss und bereits fünf Minuten vorher beginnt der Geschäftsführer seine Obst- und Gemüsewaren einzuräumen. Wenn ich mich also dann auf den Weg nach Hause begebe, bleiben mir fünf Minuten für einen circa zwei Minuten Weg.

Ich setzte mich auf die Bank am Marktplatz. Von dort aus lässt sich das „bunte Treiben" der geschäftigen

Menschenwelt gut beobachten. Die Bank steht an der Mauer des Rathauses und somit befinde ich mich auch nicht direkt auf dem „Präsentierteller". Auch hinter mir kann somit nichts Unerwartetes geschehen. So warte ich also beobachtend und vor mich hinträumend die Zeit ab. Hin und wieder stehe ich auf, werfe einen Blick um die Ecke Richtung VIVO-Markt und vergewissere mich, dass die Waren noch vor der Ladentür stehen. Sicherlich wäre es viel einfacher, regelmäßig einen Passanten nach der Zeit zu fragen, aber dazu fehlt mir der Mut. In solchen Situationen „bekomme ich die Zähne nicht auseinander", wie Mutter zu sagen pflegt.

So, jetzt ist es so weit. Der letzte Kunde verlässt den Laden und der Inhaber löst die Bremsen der Obst- und Gemüse Rollwagen. Das ist dann also jetzt mein Zeichen. Gemütlich mache ich mich auf den Weg, denn ich habe ja jetzt noch fünf Minuten Zeit. Auf die Pünktlichkeit des Inhabers kann ich mich verlassen. Ja, auf die des Inhabers aber nicht auf die des Kunden, wie ich später bemerken muss.

„Jetzt schau mal einer an, da kommt ja die Trödelliese in aller Seelenruhe an geschlurft!"

Ich bin mir absolut sicher, pünktlich zu sein und erhöhe mein Tempo daher nicht.

Weißt du eigentlich, wie spät es ist? Hast du mal auf die Uhr geschaut?"

Ich bin mir sicher, zu wissen, wie spät es ist und flüstere mit gesenktem Kopf mir selbst zu: *„Auf welche Uhr denn?"*

„Auf welche Uhr denn, mein „FROLLEIN", das zeige ich dir gleich. Drei Minuten zu spät – mal wieder, ist ja nichts Neues. Unzuverlässig und dann auch noch trödeln und frech werden, das haben wir gern!"

Weh mir, er hat mein Flüstern gehört. Und jetzt gerate ich in Panik, denn noch viel schlimmer als Unpünktlichkeit sind Widerworte und freche Antworten.

Die Haustür fällt hinter mir ins Schloss. Ohne weitere Aufforderung entblöße ich meinen Po – und heute straft sie, mit dem Kochlöffel. Ja, sie bevorzugt den Kochlöffel, den Hausschuh oder aber den Teppichklopfer.

Wenn die Eltern sich auch oft in „stillem Haushalt" befinden, da der Haussegen MAL WIEDER schief hängt, so sind sie sich doch in ihren zu vergebenden Sanktionen einig!

„Jacky" zieht langsam die Hose wieder hoch und verschwindet auf der Treppe, um sich in ihrem Zimmer zurück ziehen zu können. Sie weint nicht eine Träne, sie spürt die Schmerzen nicht!

Abendbrot gibt es heute auch nicht mehr und das ist auch gut so! Lilliths Po schmerzt fürchterlich, aber das geht wieder vorbei. Auch, wenn „Jacky" keinen Schmerz kennt, Lillith spürt diesen oftmals noch tagelang.

Ich verspäte mich niemals! Kein Tag vergeht, ohne Pünktlichkeit! Vor der Feststellung meiner vollen Erwerbsminderung nahm ich meine Arbeit mindestens 20 Minuten vor Dienstbeginn auf. In KEINEM meiner Beurteilungen oder Zeugnissen ist etwas von Unpünktlichkeit zu lesen – nein, im Gegenteil. Und bis heute habe ich die Zeit stets im Auge. Solle ich mich aus irgendeinem Grund tatsächlich mal um ein Minütchen verspäten, wird dieser Fauxpas hart bestraft!

„Im Glauben an das Gute lassen sie dich losmarschieren,

dich im heißen Sand verbluten, dich im kalten Schnee erfrieren!

Sie predigen Liebe – wenn es sein muss, mit Gewalt!"

Von Lillith für Schwester „Herz"

Wie oft wünscht sie sich den Tod? Aber dieser zieht lachend an ihr vorbei. Nicht nur, dass sie zu blöde ist, ihr Leben auszulöschen, NEIN – sie ist sogar von so geringem Wert, dass weder Gott noch Teufel sie haben wollen!

Come on, sweet death

Heute wird es funktionieren – heute MUSS es funktionieren. Ganz bestimmt! Der Plan ist bis in das kleinste Detail durchdacht und „Inka" ist zur Durchführung bereit.

Lillith ist jetzt 14 Jahre alt. Im letzten Monat feierte sie mit ihrer Familie ihre Konfirmation. Endlich! Jetzt wurde sie durch ihre eigene Entscheidung zur Christin.

Sie hat ihren Glauben vor Gott und der Gemeinde bekannt und damit auch dem Teufel entsagt. Sie wird nun ganz gewiss nach ihrem Tode in den Himmel aufgenommen, behütet und geliebt...

Jetzt ist ein „ordentlicher" Plan entstanden. Nicht wieder so oberflächliches Gedöns wie vor ein Auto rennen, sich kopfüber aus ihrem Hochbett zu stürzen oder Vaters Tropfen zu nehmen und so weiter... Dieses Mal ist es ein sicherer Plan, dieses Mal geht alles glatt!

Es ist ein warmer Sommertag im Juni. Alle Kinder haben Ferien und so wie die meisten von ihnen dürfen auch wir das Freibad im Nachbarort besuchen. Natürlich werden wir nicht gebracht. Vater ist an der Arbeit und Mutter hat keinen Führerschein. Dass wir die sieben Kilometer nach F. mit dem Rad fahren, ist auch absolut in Ordnung, denn wenn wir gemeinsam mit dem Rad unterwegs sind, wird sogar die Pünktlichkeits-Regel außer Kraft gesetzt. Für mich im Übrigen fast der einzige Grund, in ein Freibad zu fahren. Der zweite Grund ist die Aufsicht über meine Schwester.

„Herz" kann es kaum mehr erwarten, endlich in die „Fluten" springen zu können. Sie ist eine gute Schwimmerin im Gegensatz zu mir. Schon in ihren jungen Jahren erlangte sie alle Schwimmabzeichen. Bei mir reichte es gerade mal zum Freischwimmer – was allerdings nicht daran liegt, dass ich nicht schwimmen kann. Sicher werde auch ich einmal in das Wasser gehen, aber allein der Gedanke daran bereitet mir Unbehagen. Wasser fühlt sich am Körper nicht so gut an. Ganz oft bekomme ich im Wasser auch starke Bauchschmerzen.

Einen hübschen Bikini habe ich nicht und mein Körper ist im Gegensatz zu denen der anderen Mädchen kalkweiß. Noch dazu sieht man bei mir nicht einmal den kleinsten Ansatz eines wachsenden Busens. Meinen Körper finde ich zudem auch fürchterlich abstoßend. Wenn ich tatsächlich einmal in das Wasser gehe, trage ich einen Badeanzug. Hellblau mit Rüschen an Halsausschnitt, um das Hüten und die Beinausschnitte. Einfach grässlich, das Ding. Sobald ich aber das Wasser verlasse, streife ich mir sofort mein Shirt und meine Hose über – ich zeige keine Haut! BLOSS NICHT! Gäbe es Badeanzüge mit Ärmeln und Beinen, dann hätte ich so einen! Den Rest der Zeit verbringe ich schwitzend auf meinem im Gras ausgebreiteten Badetuch. Das nehme ich gern in Kauf – ganz besonders heute, denn mit jeder Minute komme ich meinem Ziel näher. Und dann ist Feierabend! Ein für alle Mal!

Und nun endlich treten wir, meine Schwester, zwei Freunde und ich, den Rückweg an.

„Alles klar, „Inka", die letzte Kurve muss es sein!"

Am frühen Abend sind einige Autos unterwegs und gerade in der letzten Kurve kann man sie schon frühzeitig sehen. Das ist Teil unseres Plans! Die Kurve ist sehr lang, also bleibt auch ausreichend Zeit. Nur noch wenige Meter, dann sind wir da. Und nun übernimmt „Inka". Mit kräftigen Tritten in das Pedal erhöht sie das Tempo. Und da kommt auch schon eins – ein Auto, wie auf Bestellung- der Plan geht auf, ich wusste es! So – rüber auf die andere Fahrbahn – Achtung, JETZT! Es kracht...

Ich öffne meine Augen, mein Kopf dröhnt und trägt einen dicken Verband. Sie mussten eine Wunde nähen. Alles tut weh, wirklich alles. Die Tür des Krankenzimmers öffnet sich. Eine nette Schwester und zwei Polizisten treten ein. *„Glück gehabt",* höre ich sie sagen, *„wirklich riesiges Glück gehabt. Mindestens drei Schutzengel müssen da gewesen sein. Gut, dass du ein so durchtrainiertes Mädchen bist, sonst wäre das bestimmt schlimmer ausgegangen!"* Dann sagen sie mir noch, dass ich wohl durch die Hitze einen Kreislaufkollaps hatte und von der Fahrbahn abgekommen bin...

Glück gehabt??? Die sagen, ich hätte Glück gehabt??? Ich war wohl schon wieder zu blöde, mal was richtig zu machen! Und die reden von Glück...

„Inka, bist du da, wie geht es dir?
Inka?!...NKAAAAAAA!!!...

„Inka" verstarb noch am Unfallort. Was habe ich getan?
Statt meiner habe ich einen lieben, helfenden Anteil in
den Tod geschickt. Ich wollte doch...Wir wollten doch,
alle gemeinsam...

Es tut mir leid, verzeiht mir bitte. INKA, verzeih mir!

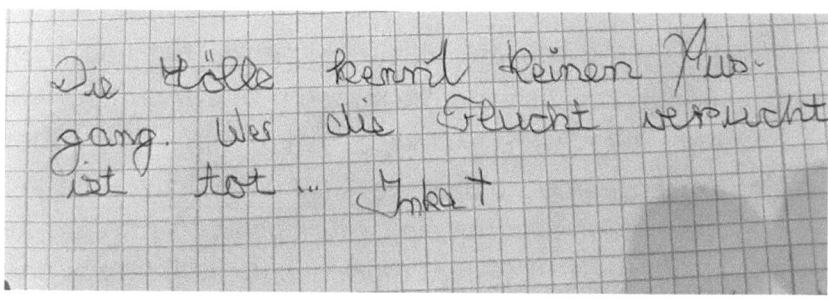

Bis vor ein paar Jahren ahnte ich noch nichts von der Existenz meiner Anteile. Ich hörte wohl hin und wieder mal Stimmen und es gab auch viele Ungereimtheiten und Erinnerungslücken in meinem Leben, aber denen habe ich „vorher" keine wirklich große Aufmerksamkeit geschenkt. Es herrschte auch Ruhe im Körperhaus – zumindest war es ruhiger. Unter Schlafstörungen leide ich auch schon mein ganzes Leben und so war auch dort kein besonderes Augenmaß von Nöten. Und die sogenannten Déjà-vu Erfahrungen kennen wir doch alle. Dass aber die meisten meiner Déjà-vus meinen nicht greifbaren Erinnerungen angehören und auf mich daher oftmals völlig fremd oder utopisch wirkten, erkenne ich erst heute. Mir völlig unbekannte Dinge, Menschen oder Situationen fühlen sich mittlerweile immer häufiger sehr vertraut an und lassen mich erschaudern.

Hinter den Türen

Parallel zu meinem „eigenen" Leben spielt sich scheinbar ein anderes, unbekanntes Leben in meinem Körper ab. Heute weiß ich, dass mein reales Leben nur funktionierte, weil es zusätzlich – oder gleichzeitig -

dieses andere Leben gab und gibt. Dieses Leben, welchen in meinem großen „Körperhaus" stattfindet.

Die Türen dieses Hauses bleiben über viele Jahre verschlossen. Scheinbar ist auch zum Öffnen kein Anlass gegeben. Vielleicht wurden sie aber auch hin und wieder unbemerkt aufgetan? Ich weiß es nicht! Jeder meiner Anteile hat dort seinen Raum und eine Aufgabe, die das gesamte System funktionieren lässt (wenigstens überwiegend). Und solange es zu keiner Störung von außen kommt, herrscht scheinbare Eintracht und Ruhe. Ob die Anteile in direkter Verbindung zueinanderstehen, ist mir bis vor einiger Zeit völlig unklar. Sie leben in meinem Inneren hinter verschlossenen Türen bis zu dem Zeitpunkt, als schlagartig eine der größten und gewaltigsten Tür geöffnet wird. Eine Tür, hinter der eine Macht lebt, die Angst und Schrecken verbreitet. Die Tür, hinter der die geifernde Meute ihrer Beute auflauert. Sie scharren mit den Hufen und nun sind sie befreit. Sie schießen wie ein Feuerball in die Menge und hinterlassen eine Spur von Angst und Zerstörung. Und diese Tür wird nicht so einfach wieder zu schließen sein!

Auch die anderen Türen werden nun geöffnet. Nicht von außen, wie die große, nein von Innen – von denen selbst, die Unheil verheißen. Sie allein sind in Besitz aller Schlüssel. Sie können öffnen, aber auch einsperren und verschließen, denn wer sich nicht an die

Regeln halten kann, wird büßen müssen. Sie haben strenge Regeln und werden einen Regelbruch niemals ungestraft lassen!

Hallo alle zusammen!
Solange ihr euch an alle Regeln haltet,
wird euch auch nichts geschehen!
Wenn ihr alle schön artig bleibt
können wir euch beschützen – aber
nur dann. Also gehorchen, brav
sein und unsere Geheimnisse bewahren
dann ist alles gut!
Mauvais

Mittlerweile genügt schon ein winzig kleiner Reiz, Anteile aktiv werden zu lassen. Ein ganz leiser Ton, der die Erinnerung an eine Melodie weckt, kann das ganze System zum Einsturz bringen. Ein Bild, ein Wort, ein Geruch, eine Handbewegung… Und ein jeder Anteil „springt" auf einen anderen Reiz an. Die größte Schwierigkeit besteht nun darin, herauszufinden, wer auf was reagiert und vor allem warum eine Reaktion stattfindet. Hierzu ist es von dringender Notwendigkeit, eine ausreichende und geordnete Innenkommunikation in Gang zu bringen. Aber noch immer gibt es zu viele Anteile, die an den Kommunikationen nicht teilnehmen können oder wollen. Darüber hinaus ist auch nicht jeder bereit, wenigstens miteinander zu kommunizierten. Der Weg ist noch weit. Das Ziel liegt in weiter, weiter Ferne und scheint noch immer unerreichbar....

Neben mir liegt schon wieder Papier von Schokolade. Ich schmecke sie noch ein wenig, habe sie also gegessen, oder nicht?... Wieder eine Lücke

Du sollst Vater und Mutter ehren

…Und wenn sie dich schlagen, sollst du dich wehren! Ja, du sollst dich nicht nur wehren, du musst es tun! Aber darfst du das denn auch? Kannst du dich denn tatsächlich gegen einen Erwachsenen wehren? Kann ein Kind das?

In einigen Situationen wechselt Lillith die Position von der selbst Gepeinigten zur stillen Beobachterin. Tatsächlich wird sie Beobachterin recht demütigender und schmerzhafter Momente die nicht sie, sondern ein anderes Kind ertragen und aushalten muss: ihre Schwester „Herz".

„Herz" ist etwa sechs Jahre alt. Sie steht verängstigt in der Zimmerecke. Es kommt vor, dass sie den Weg zur Toilette nicht rechtzeitig schafft und es in die Hose geht. Dass ihr Darm-Schließmuskel nicht so funktioniert, wie bei einem gesunden Darm, interessiert Mutter dann nicht mehr! Und nun ist es wieder passiert. In panischer Angst verkriecht „Herz" sich in der Zimmerecke und traut sich keinen Schritt mehr zu gehen. Aber Mutter wird es sowieso bemerken – also traut sie sich irgendwann, ganz vorsichtig zur

Toilette zu gehen. Es wäre schon ein Wunder, hätte Mutter davon nichts bemerkt. Mit den Worten: „Hast du schon wieder „eingekackt", altes Dreckschwein", geht sie auf das Kind zu, packt sie bei den Armen und schlägt mit der flachen Hand mehrmals heftig auf ihren Po ein. Auch für „Herz" ist das Weinen verboten, auch für sie werden Tränen zur Gefahr. Wie sie es immer schafft, nicht zu weinen, weiß ich nicht. Der Kot drückt sich durch die leichte Sommerhose und verteilt sich in Mutters Hand. „Herz" weiß, dass es auch dafür eine weitere Strafe geben wird, denn schließlich trägt sie die Schuld dafür, dass Mutter nun auch mit Kot beschmiert ist. Was nun folgt ist die kalte Dusche, ruppige Behandlung und verbale Demütigungen...

Du sollst deine Mutter ehren...

Jedes noch so kleine Fehlverhalten, jeder Regelbruch, jedes winzige Missgeschick wird mit Schlägen sanktioniert. Die Schläge mit der flachen Hand können wir halbwegs ertragen. Aber die Schläge mit dem Kochlöffel, dem Holzschuh, Gürtel, Teppichklopfer... Neben den Striemen auf unseren Körpern bleiben Verletzungen, die für alle unsichtbar sind: Verletzte, gedemütigte und zerrissene Kinderseelen...Sie werden niemals mehr heilen!

Sei Deiner Eltern Freude,
beglücke sie durch Fleiß,
dann erntest Du im Alter
dafür den höchsten Preis.

Bleibe immer brav
und gut, Bleibe deiner
Eltern Wonne. Wenn
ihr Segen auf Dir ruht,
dann umstrahlt Dich
Gottes Wonne

„Nun setzt die Masken auf und zeigt des Narrens
Wirklichkeit –

Nein, Narr ist der, der nicht erkennt, was unter Masken wirklich schreit!"

*In der Schule, wie im Leben
sollte man sein Bestes geben;
denn nur wer sein Bestes gibt
ist bei jedermann liebt!*

Wirklich???

Eine ehrbare Familie

So sehr sie sich auch bemüht, Lillith genügt den Ansprüchen ihrer Eltern zu keiner Zeit. Sie trifft die Schuld, wenn die heile Welt des Elternhauses jemals ins Wanken geraten sollte. Und vor allem aber trägt sie allein die Schuld daran, was ihr und mit ihr geschieht, denn in ihrem „zu Hause" ist stets alles in Ordnung! So hat Lillith grundsätzlich zu funktionieren und jede, noch so kleine Abweichung wird zu keiner Zeit geduldet. „Was sollen denn die Leute denken…?"

Die Familie ist im Ort hoch angesehen. Vater und Mutter — fleißige, rechtschaffende und stets freundliche Menschen. Schufen mit ihrem eigenen

Schweiß und Blut ihr Eigenheim und können sich jederzeit mit ihren wohlerzogenen Kindern in der Öffentlichkeit sehen lassen.

Die Eltern sind grundsätzlich darauf bedacht, nicht den kleinsten Makel nach außen dringen zu lassen und predigt den Kindern jeden Tag aufs Neue Gehorsam, Fleiß und Sittsamkeit. Nach Außen haben sich die Kinder stets wohl erzogen zu präsentieren und jede „Rufschädigung" wäre mit keiner Strafe der Welt zu vergelten. Und wie selbstverständlich folgen wir Kinder brav den Anweisungen von Vater und Mutter und hören das Lob dafür, welches unseren Eltern (NICHT UNS) zuteilwird!

Wir Kinder genießen eine ordentliche Schulbildung, sind sauber und adrett gekleidet und mit den Regeln des Knigge sehr vertraut. Vater und Mutter üben sich in Verzicht, um uns Kindern an nichts fehlen zu lassen. Das Haus ist immer pikobello. Jederzeit kann Besuch empfangen werden, ohne sich schämen zu müssen. Und zum Freundeskreis der Familie gehören nicht zuletzt die „Oberen Zehntausend".

Die Welt der Familie ist intakt, harmonisch und im Einklang – bis sich die Haustür hinter ihnen schließt...

Wer

Herman van Veen

Wer hat den Ernst in dein Gesicht gebracht?

Wer hat das Licht gelöscht in dir?

Wer hat die roten Wangen bleich gemacht?

Wer brach roh ein in dein Revier?

Wer nahm die Leichtigkeit, die Unbefangenheit?

Wer brachte dich um deine allerschönste Zeit?

Wer machte deine klaren Augen blind?

Wer trieb mir dir ein böses Spiel?

Wer tötete das unbeschwerte Kind?

Das immer aufstand, wenn es fiel.

Wer bremste deinen Drang?

Wer lehrte dich den Zwang?

Wer brach die Flügel dir, bevor der Flug gelang?

Wer ließ dich einfach in der Ecke stehen?

Wer hat dein Spielzeug dir zerstört?

Zu wem hast du vergeblich aufgesehen?

Auf wen hast du umsonst gehört?

Wer hat nur unerlaubt die Zukunft dir geraubt?

Wem hast du vorbehaltlos bis zum Schluss geglaubt?

Wem hast du vorbehaltlos bis zum Schluss geglaubt?

Schule

Im Jahr 1971 wurde ich eingeschult. An meine Grundschulzeit kann ich mich bis heute nicht erinnern. Beim Betrachten meiner eigenen Eischulungsfotos kämpfe ich mit den Tränen. Da steht ein Mädchen – sechs Jahre alt – in hell-rosa Hosenanzug und hält eine grüne Schultüte mit unerkennbar rundem Bild, roten Herzen und rotem Krepp-Verschluss im Arm. Da ist sie schon wieder: Die Farbe „Rot"! Das Gesicht des Mädchens strahlt eine unendliche Trauer aus, die mich heute erschaudern lässt. Im Hintergrund spielt Schwester „Herz" an der Eingangstür des Wohnhauses.

Doch, es gibt etwas, an das ich mich erinnern kann: meine Fibel. „Fangt fröhlich an", lautet der Titel und der erste Satz: „Tut, tut ein Auto", klingt vertraut in meinen Ohren. Und siehe da – diese Fibel finde ich im Internet und so überlege ich kurz, mir diese zu bestellen. Vielleicht trägt sie ein wenig dazu bei, die Lücken der Grundschulzeit zu schließen?

Nach vier Jahren Grundschule geht es nun weiter in der sogenannten „Förderstufe" (andere Bundesländer nannten dies Phase der schulischen Zurechtfindung auch „Orientierungsstufe"). Die Schüler sollen nun in die Kurse „A", „B" oder „C" eingeteilt werden, um den weiteren Schulverlauf bestimmen zu können. „A" wäre die Qualifizierung zum Gymnasium, „B" das Absolvieren der Realschule und „C" den weiteren Schulbesuch in der Hauptschule.

Lillith „landet" zum Ärger ihrer Eltern in den „B"-Kursen. Aber eigentlich ist doch klar, dass ein „A" für sie definitiv nicht in Frage kommt und wie sie das „B" schaffen konnte, doch recht rätselhaft bleibt. Doch sie ist und bleibt in den folgenden zwei Jahren ein „befriedigendes" bis „ausreichendes" B und wird somit ab der siebten Klasse die Realschule besuchen. Und selbstverständlich erwarten die Eltern die Durchführung bis zum Abschluss – „GTUEM" Abschluss!

Unter großem Druck und zwang gelingt es Lillith, sich mit dieser neuen Situation zu arrangieren. Die Klassen werden „neu" formatiert und so besucht Lillith fortan die 28köpfige Klasse 7a. 28 Schüler und Schülerinnen – und zu ihrem Leidwesen sind es mit ihr selbst nur acht Mädchen. Hübsche Mädchen! Stets modern gekleidet, lange und gepflegte Haare und kein sichtbarer Pickel! Lillith hat davon eine ganze Menge. Das Gesicht voller Pickel und der Oberkörper flach, wie ein Brett. Kurze, fettige Haare und Kleidung, für die sie sich schämt. Von den Jungs wird sie fast ununterbrochen gehänselt und die Mädchen schließen sie aus ihren Gruppen aus. Selbst ihre Eltern geben ihr den Namen „Pickeldi" und amüsieren sich über ihre nicht wachsen wollende Brust. „Brett mit Erbsen", rufen sie ihr nach! So zieht sich Lillith immer mehr zurück, sagt nicht viel und bleibt lieber im Hintergrund. Dennoch bleibt sie im Visier der Schüler und so nehmen die Hänseleien in fast schon perversen Dimensionen Überhand.

Während des Unterrichts „träumt" sie sich immer häufiger in ihre eigene, kleine heile Welt und wird somit auch zur Schusslinie einiger Lehrer. Und niemand ahnt, dass Lillith ein „Doppelleben" führen muss, deren Abartigkeiten immer häufiger die Überhand nehmen. Nicht einmal Lillith nimmt dieses „Doppelleben" bewusst wahr. Wie denn auch- sie beobachtet die Geschehnisse nur von außen, während ihre Anteile ihre Parts übernehmen. Somit ist sie also zu keiner Zeit selbst beteiligt!

Auch die Schulzeit geht vorüber – mit „Ach und Krach". Sie ist überstanden und Lillith hat tatsächlich durchgehalten. Ja, sie hat es geschafft. Wie kann sie sich selbst nicht erklären. Lillith ist nun 16 Jahre alt und wird ihren beruflichen Weg selbst wählen – das ist ihr sogar gestattet! Vielleicht ermöglicht dieser neue Weg, den sie für sich wählen wird, auch einen Neubeginn mit ein wenig Abstand? Fremde, unvoreingenommene

Menschen werden ihr die Möglichkeit eröffnen, sie selbst sein zu dürfen und sie auch genau so zu betrachten und anzunehmen? Vielleicht...

Von nun an ist es auch vorbei mit den qualvollen Paukereien zu Hause. Immer und immer wird ein straffes Lernen abverlangt und endet schmerzlich im inneren Chaos. Das bereits Erlernte ist für Lillith oftmals nicht abrufbar. Dafür findet sie keine Erklärung, erntet aber den Schmerz, der sich in ihrem Kopf festbeißt!

„Also lautet der Beschluss,

dass der Mensch was lernen muss..." - Wilhelm Busch

„Täglich – stündlich mehr Lektionen –

Sie werden dich nicht verschonen!

Wenn die Qual am tiefsten ist, mit Schmerz und Pein verbunden,

haben sie dich noch nicht genug geschunden!

Dumm geboren, blöd geblieben –

So ward es mir vorgeschrieben!"

Nachts, wenn alles schläft

„Moira -Aufwachen!"

„Bin da – sind sie schon da?"

„Ja, sie warten auf uns."

„Sind es viele?"

„Heute nur zwei."

„Moira ist darin geübt, die Treppe so leise herunter zu gehen, dass niemand im Haus geweckt wird. Auch „er" weiß, wie die Stufen zu nehmen sind, dass knarrende Geräusche des Holzes vermieden werden.

„Moira" verrät uns ihr Alter nicht, aber sie scheint „zu alt" für Schokolade und alt genug für ein „Schnäpschen" zu sein. Sie und ihre „beste Freundin Manadis" wurden nicht von „Lillith" geboren oder erschaffen. Sie sind der Ursprung des „Bösen" und funktionieren willenlos auf Anruf! „Moira" und „Manadis" werden sie gerufen – einen eigenen Namen haben sie nicht. Sie müssen bedingungslos auf Zuruf und Kommando erscheinen und prompt ihren Funktionen Folge leisten. Gemeinsam erscheinen sie zu keiner Zeit, denn sie agieren „zeitversetzt". Geht einer die Kraft aus, kann sie sich nach „Hinten" fallen lassen und sogleich schießt die andere blitzschnell nach „Vorne" um alles Weitere zu übernehmen.

„Moira" und „Manadis" (sie ist übrigens 16 Jahre alt) werden ausschließlich in der Nacht gerufen, um dann einen „unbekannten" Ort aufzusuchen, an dem sie bereits erwartet werden. Und da beide auf keine Reize wie Scham, Schuld oder Schmerz reagieren, sind sie in der Lage, zu „bedienen".

„Nur zwei? Das ist gut, dann sind wir ja früh wieder zurück!"…

Schreibpause - - - Schreibverbot!

Ich bitte um Verzeihung – hier geht es gerade NICHT weiter!

Nun ist einige Zeit vergangen. Die „Kleinen" und einige „Jugendliche" befinden sich jetzt an einem „sicheren Ort" und der „Rest" hat sich für den „Kampf im Keller" gewappnet. So sind wir jetzt bereit, noch ein paar wenige Zeilen zum Thema „Nacht" zu schreiben:

Nicht nur „Moira" und „Manadis" werden hin und wieder des nachts geweckt – auch die jugendliche Lillith wird regelmäßig aufgefordert, ihr Bett zu verlasen. Doch direkt beim Betreten des anderen Raumes oder Ortes übernimmt sie SOFORT die Rolle der stillen Beobachterin. Allein der Kerzenschein oder der Anblick eines fast schon einem Altar gleichenden Tisches, „schwarzen Vermummungen" (so beschreibt „Josue",15 das, was sie sehen kann) und einige andere Dinge lässt je nach Situation einen der vielen Anteile nach „vorne preschen", um Lilliths Rolle zu übernehmen. So können die Mädchen „Jule"-9,

„Emine"-15, „Falka"-11, „Layla"-16, „Samedi"-13 sowie die Jungs „Quento"-11, „Kassy"-10 und „Tristo"-8 diesen Raum oder Ort bis in das kleinste Detail beschreiben.

Mir selbst fehlen alle Erinnerungen, so habe ich ausschließlich die Worte und Bilder derer im Kopf, die mir von meinen Anteilen „gesendet" werden. Ich finde bis heute keinen Zugang und keinen Bezug zur Realität. Das, was ich kenne, ist die Ruine des Klosters und die Tür des stets verschlossenen Raumes...

77

Aufzählung der bis Dato „bekannten"
Anteile

Anhand von Informationen, die ich während des Schreibens des letzten Buches von „Lillith" erhalten habe, bin ich „in der Lage", eine Übersicht der derzeit direkt oder namentlich bekannten Anteile zu erstellen (diese ist auch im letzten Buch zu finden):

Informationen, die ich habe, fasse ich in Kürze zusammen. Weibliche Anteile werden mit einem f (feminin) und männliche mit einem m (maskulin) gekennzeichnet.

Lillith, 25, f: die, die niemals endet, die, die immer war, Urheberin der wohlwollenden Anteile.

Inanna, ohne Altersangabe, f: „Lillithts" Gefährtin

Jacky, 13, f: quirlig und altklug. Sie übernimmt verantwortungsvoll die Aufsicht über die „Kleinen" – Leistungssportlerin

Mareijke, 17, f: Kindermädchen aus den Niederlanden

Joel, 13, f: geboren an Weihnachten, sie hasst diese Feiertage und übernimmt, wenn Demütigungen und Schuldzuweisungen Überhand nehmen.

Jule, 9, f: Vom Sonnenkind in den Schatten, sie verstummte von einen auf den anderen Moment und lebt ängstlich zurückgezogen in der „hintersten Ecke" des Körperhauses

April, 25, f: Beschützerin

Erik, 27, m: Vertrauter der männlichen Anteile

Emine, 15, f: Anhängerin der Gothic-Szene, phantasievoll, führt Verletzungsbefehle aus, kennt keinen körperlichen Schmerz

Violence, 4, m: drückt seine Gedanken in Bildern aus, spricht nicht viel

Limo, 10, m: er übernimmt die „häuslichen" Sanktionen und Verbote (Hausarrest, Fernsehverbot...)

Quento, 11, m: kann mit Mädchen nicht viel anfangen, seine „Andersartigkeit" drückt er auch in seinem Schriftbild aus

Merle, 8, f: war viele Jahre verschwunden und kehrte im Jahr 2017 plötzlich zurück

Layla, 16, f: sie wünscht, keine Angaben zu machen

Vain, 3 f: lässt sich an meiner Stelle im Kindergarten in die Besenkammer sperren

Chris, 12, f: außerordentlich pflichtbewusst, gehorsam und ordentlich. Sie gerät niemals in gefährliche oder beängstigende Situationen – ein „artiges Kind"

Vrees, 2, f: stark geistig beeinträchtigt. Man sagt, dass die Schädigung ihres Gehirns bewusst von außen zugefügt wurde

Elmo, m: wurde direkt nach seiner Geburt getötet

Lotte, 5, f: ein ebenfalls geistig beeinträchtigtes Mädchen, die mit „Jacky" volle Unterstützung hat

Kassy, 10, m: „Quentos" bester Freund und guter Spielgefährte meines Sohnes (damals als „Phantasiegefährte des Kindes" diagnostiziert)

Tear, 7, f: ein überaus ängstliches Mädchen aus London

Liam, 7, m: Zwillingsbruder von „Tear"

Levke, 19, f: sie übernimmt die höchst wichtige Aufgabe, ALLE gefährlichen Emotionen im Vorfeld abzufangen

Falka, 11, f: wünscht keine Informationsweitergabe

Josue, 15, f: auch sie bittet um keine weitere Informationsweitergabe

Elias, 16, m: extrem ängstlich und zurückgezogen

Marie, Ella und Fee, f: sind alterslos und bitten um keine weitere Vorstellung

Amaro, 30, m: Beschützer vor tödlichen Gefahren

Manadis, 16, f: wird zu Diensten gerufen – findet ihren Ursprung bei den Introjekten

Moira, keine Altersangabe, f: wird zu Diensten gerufen – findet ihren Ursprung bei den Introjekten

Inka, Alter unbekannt, f: übernimmt suizidale Handlungen

Und es folgen weitere, die keine weiteren Angaben wünschen oder diese nicht geben können:

Beate, 7, f, **Kindless**, 5, geschlechtsneutral, **Hamte**, 9, f, **Dalina**, 12, f, **Frieda**, 58, f, **Vicky**, 40, f, **Friday**, 15, m, **Rachelos**, 23, m, **Fleur**, 20, f, **Down**, 13, geschlechtsneutral, **Geli**, 17, f, **Elke**, 19, f, **Tommes**, 3, m, **Michel**, 10, m, **Conny**, 21, f, **Nicky,** 17, m, **Hulp**, 35, m, **Samedi**, 13, f, **Lykke**, 16, f, **Tristo**, 8, m, **Fessi**, 2, f, **Agota**, 2, f, **Lily**, alterslos, f, **Fiora**, 1, f, **Angelo**, 4, geschlechtsneutral

58 mir bislang bekannte oder bereits durch „Lillith" genannte wohlwollende Anteile und dazu kommen noch die Innenpersonen der anderen Seite, die sogenannten Introjekte oder deren Helfer, die ich hier jetzt einfach kurz nennen werde:

Karl, verschweigt sein Alter, m: Machthaber, Vollstrecker, Herr und Meister

Dagmar, 40. F: Vollstreckerin und Verbündete „Karls"

Erwin, 25, m: guter Freund von „Karl und Dagmar"

Holger, 18, m: vollzog den eigenen Suizid

Mauvais, 21, m: Botschafter und Kontrolleur

Und des Weiteren:

Stone, 33, m, **Alim**, 23, m, **Corax**, 16, m, **Herba**, 37, f, **Ajnos**, 43, f.

In den vergangenen drei Jahren begannen die ersten Anteile, mit mir in Kontakt zu treten. Und im Laufe dieser Zeit erkenne ich, dass jede einzelne Innenperson des (unseres) Systems einen eigenen Namen trägt und sich durch individuelle Merkmale charakterisiert. Sie unterscheiden sich durch unterschiedliche Bedürfnisse, Eigenschaften, Handlungsweisen und Funktionen. Und heute bin ich auch in der Lage, meine häufigen Erschöpfungszustände im Ansatz zu erklären. Während ihrer „aktiven Zeiten" nutzen die Anteile meinen

Körper und beanspruchen diesen für sich allein. Die dann aktiven Persönlichkeitsanteile drängen mich regelrecht in den Hintergrund, um allein in Vordergrund agieren zu können. Diese völlige Besitzname meines Körpers und Geistes lässt somit auch die häufigen Erinnerungslücken erklären. Die Frage, die bleibt ist, warum ich diese Persönlichkeitsanteile über viele, viele Jahre nicht bemerkte, von ihrer Existenz scheinbar nicht einmal wusste...

Das ist eine von vielen Fragen, die für mich nach wie vor offen stehen. Auch die Frage nach Realität, Fantasie und Irrsinn....

„Hast mir die Welt gezeigt – zerstört!

Die Ewigkeit? Verloren!

Die Trauer? Eingefroren!

Hast du mich denn nicht fallen seh`n?"

Ich werde in diesem Buch nicht viel weiter aus „vergangenen Zeiten" schreiben, denn damit scheine ich ein neues, noch größeres Chaos auszulösen. Und da nach einem guten Jahr der Ruhe leider wieder fast regelmäßiger „Täterkontakt" stattfinden „muss" und ich diesen noch nicht wirklich abwenden oder unterbinden kann, sehe ich eine zusätzliche Gefahr.

ICH BITTE UM VERSTÄNDNIS!

Der Beginn des Weges zu „neuen Ufern"

Als für mich nach fast 50 Lebensjahren und einigen gescheiterten Therapie – und Behandlungsversuchen endlich eine wirkliche Begleitung für mich gefunden wird, steht meine Welt Kopf. In den folgenden ambulanten, einigen längeren stationären und der mittlerweile auch stattfindenden Langzeit Therapien wird mein Leben, bevor ich es auch nur im Ansatz zu Ordnen vermag, regelrecht auf den Kopf gestellt. Persönlichkeitsanteile rücken in den Vordergrund und sogenannte Introjekte und deren Helfer drohen Gefahr und Verderben. So oft es mir gelingt, mit meinen Anteilen in gutem Kontakt zu stehen, Kompromisse, Einigkeit, Sicherheit und Vertrauen zu schaffen, so oft wütet auch der zerstörerische Anteil in mir, denn auch diese Seite gehört meinen Persönlichkeitsanteilen an.

Momentan fühlt es sich so an, als könne niemals mehr Frieden einkehren. Nicht einmal über den Tod der Täter oder über mein eigenes Ableben hinaus.

Mein Inneres besteht aus Angst, Schmerz, Demut und Gehorsam...erzeugt von einer Macht, die ich scheinbar niemals mehr besiegen kann. In den Anfangszeiten meiner therapeutischen Maßnahmen stand die Angst und das Misstrauen im Vordergrund. Und das hatte den Rückzug aus dem sozialen Leben zur Folge. Einige Anteile sahen in jedem Gegenüber Gefahr, Tod und Teufel, während sich andere schweigend den Peinlichkeiten auslieferten. Und als zu guter Letzt auch noch bekannt wurde, dass wir in Zukunft einem männlichen Therapeuten gegenübersitzen werden (Lillith hat ihn selbst gewählt), war vorerst der Ofen aus.

Folgendes fand ich daraufhin in unseren Kommunikationsbüchern:

Si wolen uns töten und die krigen uns ... Das get nichmals fortbei. Si werden uns jahgen und fangen ... Si wißen imer wo wir sint. Joël

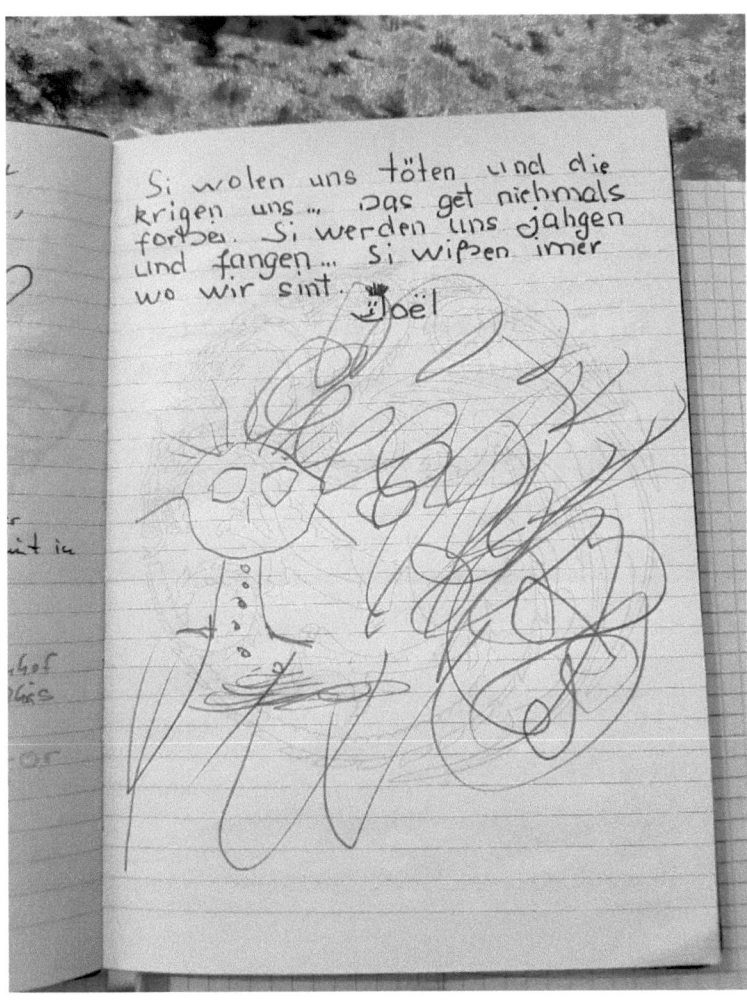

Leut, habe ich es nicht schon immer gesagt: wir sollen weg!. Herr Fu▮▮▮▮ sagt es doch selba auch: "unser Dasein nicht verraten" Also. Vorsicht, auch hier will man uns nur los werden!

                    Jerke

Nit alleine lassen uns.
Nit an dem Mann was
sagen. Tear

"Endlich ... nun bist du vernünftig
... jetzt nimm das Messer ... sei
schön brav.
                    Karl

Ich fewde auch bestimmt gar nix. Hahbe
Holger im Keller geseen. Wer said ir den
ale? Ich kane auch nit. He ich wahlte
mainen Mund. Jule hat einen kaputen Kop.
Jule kenne ich, is maine Fraundin die hate
aba vorher kainen Dachschaden. Ich
hate gans bestimmt mein Maul.

Fauza

Ich will nicht tot gehen.

Krissy

Nit sagen was. Not going dead
Please nit machen. Tear

Is mir voll egal

Krissy

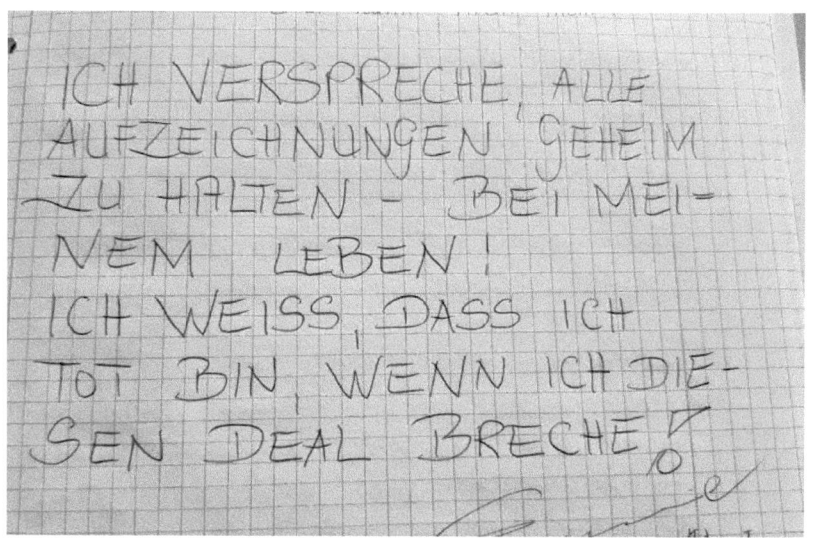

Mit jedem Tag wird es schwerer. Wo ist das Licht am Horizont? – Ich sehe es immer noch nicht! Sind die vielen Jahre der Trauma-Therapie noch immer nicht bei mir angekommen? Warum tu ich mich nur so schwer damit? Oder sollten sie doch alle Recht behalten und ich bin einfach nur schwer von Begriff?

Ist vielleicht doch alles nur ein irrsinniger Traum, eine skurrile Phantasie , Irrsinn oder gar Schizophrenie? Es hört einfach nicht auf...niemals!

Meine Kräfte sind am Ende...vielleicht wäre es besser aufzugeben, um wieder Ruhe einkehren zu lassen.

Ich höre die Worte: *"Aufgeben ist keine Option!"* - -- Ihr seid noch da? Ich freue mich, ihr seid noch da! Ist es gemeinsam doch zu schaffen? ...Vielleicht? --- Bestimmt!

Schlussworte

Jetzt beende ich mein Schreiben doch schon vorzeitig. Aber das ist im Moment auch besser so. Die Gefahr, der ich mich selbst und einige meiner Persönlichkeitsanteile aussetzen würde, ist noch nicht zu verantworten. Der Tag wird kommen, da es mir möglich sein wird, die und über die Dinge schreiben zu können, die mir so sehr auf der Seele brennen. Aber dieser Tag ist noch nicht heute oder morgen... Ich bitte dafür um Verständnis! Danke!

Die eingefügten Bilder und Texte sind Fotografien der originalen Einträge aus Kommunikationsbüchern der letzten vier Jahre, aus Poesie-Alben und aus Tagebüchern der 70ger und 80ger.

Ein paar Bilder und Zeichnungen füge ich auf Wunsch einiger Anteile noch hinzu.

Ich danke Euch für das Lesen und Euer Verständnis! Danke!

Im Übrigen sind alle Aufzeichnungen mit dem ausdrücklichen Einverständnis meiner Persönlichkeitsanteile geschehen!

Coverbild!

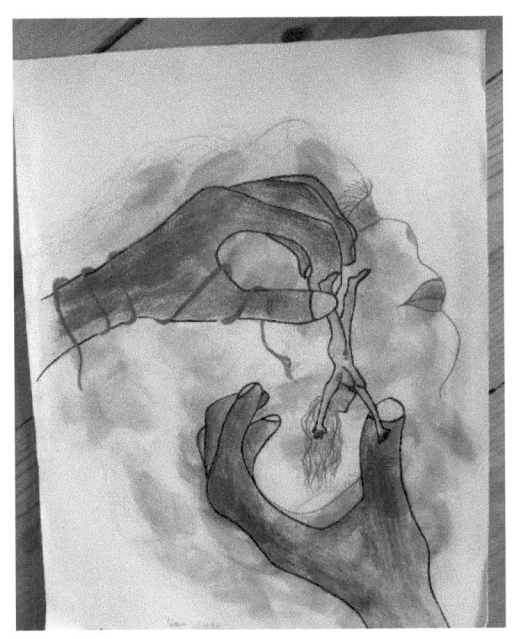

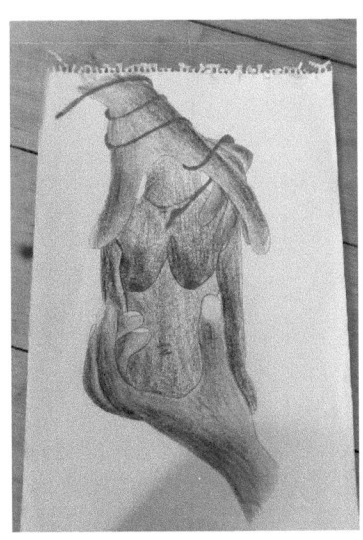

langsam kreist das Rad
der Zeiten,
unaufhaltsam ist der Schwung
doch es bleibt uns von der
Kindheit nichts als die

Erinnerung.

...und dem ist nichts mehr hinzuzufügen!

Und wenn ich an dieser Stelle meinen Dank aussprechen möchte, muss ich wohl nichts weiter mehr erwähnen!

Ihr wisst es...

Sie wissen es...

Danke!

innere (verletzliche,
hilflose)
Kindzustände

"wertlos"
② die gedemütigte Kleine
① die ängstliche (bestrafte) Kleine
- verletzt
  (traurig)
                                ○ Mutterkonflikt
② erniedrigt entwürdigt
benutzt, gedemütigt

Schwer verletzt,
③ hilflos, massiv
die unerwünschte erniedrigt
(wertlose) Kleine

Elternzustände

fordernd.
③ entwertend...
① scharf kritisierend - strafend
verletzend

Strafend

② Sex. mißbrauchend

Körperl. miss handelnd

GE

Ⓐ Erdulden
Ⓑ Vermeiden
Ⓒ Überkompensation

Bewältigungs-
zustände

Ⓐ ①
ertragend, angepasst

Ⓑ ③ ○
träumend - distan-
ziert (Phantasiewelt)

Ⓑ ○
hungernd, selbst-
② ablehnend

Ⓒ grenzenlos Leistungs-
sport

Achtsamk.
Yoga / Fitness #)
GE

Herstellung und Verlag:
BoD – Books on Demand, Norderstedt
ISBN: 978-3-7519-5552-2